Essie

Et si j'étais amoureuse ?

Claire Clément a commencé à écrire à dix ans, pour prolonger l'imaginaire qu'elle découvrait avec ravissement dans les livres. Écrire des histoires qui émeuvent les enfants, c'est pour Claire un défi qui allume son regard, fait palpiter son cœur, envahit sa tête. Mais ses quatre enfants se chargent de la ramener sur terre... heu... sur l'eau plutôt. Car Claire vit sur une péniche à Joinville-le-Pont. Elle est également chef de la rubrique romans au magazine *D Lire* à Bayard Presse.

Du même auteur dans Bayard Poche :
Et si je changeais de maman ? - Et si j'étais maîtresse ? - Et si j'étais riquiqui ? - Et si j'étais un garçon ? - Et si j'étais sorcière ? - Et si j'étais un superhéros ? (Mes premiers J'aime lire)

Robin est né en 1969. Tout petit, il attrape le virus du dessin ! En sortant de son école d'art, Robin entre à la rédaction de *Grain de soleil*, à Bayard. C'est là qu'il reçoit son célèbre surnom : des enfants ont remarqué sa ressemblance avec le meilleur copain de Batman ! Aujourd'hui, Robin est directeur artistique du magazine *Mes premiers J'aime lire*. Parallèlement, il consacre beaucoup de temps à dessiner et illustre des livres pour différents éditeurs jeunesse.

Du même illustrateur dans Bayard Poche :
Le ballon perché - Pas si vite, Julia ! - La série *Essie* (Mes premiers J'aime lire)

Dépôt légal : janvier 2010
ISBN : 978-2-7470-3026-7
Loi du 16 juillet 1949 sur les publications destinées à la jeunesse.

Essie

Et si j'étais amoureuse ?

Une histoire écrite par Claire Clément
illustrée par Ⓡobin

mes premiers j'aime lire
bayard poche

Leïla est amoureuse de Robinson, Stella de Noé, Mila d'Arthur, et Neige de Timothée.

« Et toi, Essie ? » lui a demandé Leïla.

« Moi ? a répondu Essie, gênée. Ça ne te regarde pas ! »

En réalité, Essie n'est amoureuse de personne.

« Je n'aime que toi, Bouffon, confie-t-elle à son chat. Mais ça, je ne le lui dirai pas. Elle se moquerait de moi. Quand même, je me demande comment c'est, d'être amoureuse... »

Tiens, et si…
Et si j'étais amoureuse ?

Aussitôt dit, aussitôt… Essie est amoureuse…

… d'un garçon de sa classe. Il s'appelle Louis, il a une mèche blonde qui retombe sur son front, et des yeux noirs pétillants.

Quand Essie pense à lui, elle sent comme des papillons dans son cœur. Et ça volette à l'intérieur !

Louis est très fort en roller. Il s'entraîne souvent au parc… Pour lui plaire, ni une ni deux, Essie va patiner avec lui.

Louis se dirige droit vers une bosse. Et *hop !* il s'élève au-dessus, fait une pirouette et retombe sur ses deux pieds, comme si de rien n'était.

– Cap ou pas cap ? dit-il avec son adorable sourire.

– Cap ! répond Essie.

Elle s'élance, s'élève, pirouette et retombe aussi sur ses pieds : non mais !

Louis l'applaudit, puis il patine de nouveau vers la bosse. Quand soudain…

– Bouffon ! hurle-t-il. Pousse-toi !

Trop tard ! Louis cherche à éviter le chat d'Essie qui s'est mis en travers de son chemin. Il fonce dans un arbre… *bing !* et se retrouve les quatre fers en l'air avec une bosse énorme sur le front. Il crie :

– C'est à cause de ton stupide chat ! Cette peluche poilue trop nulle, et qui pue !

Essie est vexée.

– Toi-même ! répond-elle. Avec ta grosse bosse, tu pourrais jouer dans le film *Horror au pays des zinzins* !

Tiens, tiens… Essie est beaucoup moins amoureuse. Au revoir, les papillons !

Furieux, Louis se relève et s'en va. Essie est déçue. Voilà une histoire d'amour à peine commencée et déjà terminée !

Bouffon vient se frotter contre elle.

– Dis donc, lui murmure-t-elle, tu ne serais pas un peu jaloux, toi ?

C'est alors que Paul arrive. Essie et lui sont amis depuis la maternelle. Elle lui raconte ce qui s'est passé.

– Quel minable, ce Louis ! s'exclame Paul. Tu parles d'un amoureux ! Franchement, Essie, tu mérites mieux.

Et il lui envoie des bulles de savon. Elles entourent Essie d'un voile léger et lumineux. Quelques-unes s'accrochent à ses cheveux.

– T'as l'air d'une fée, lui dit Paul, ravi.

Essie se sent belle.

Deux jours plus tard, les parents d'Essie l'emmènent au cirque.

Lorsque le spectacle commence, Essie voit apparaître le plus beau cavalier du monde ! Il porte un justaucorps noir avec des paillettes et se tient debout sur son cheval : il n'a même pas peur !

Ça y est, Essie est amoureuse. Elle sent comme un petit oiseau dans son cœur ! Et ça gazouille à l'intérieur !

Pour lui plaire, ni une ni deux, elle s'inscrit à un cours d'équitation.

Le professeur, c'est le beau cavalier. Il s'appelle Tony ! Essie n'a pas peur sur son poney… enfin presque pas. Tony marche au pas devant elle et il l'encourage :

– Bravo ! Continue ! Allez, au galop, maintenant !

Essie s'élance ! Ses cheveux volent derrière elle, elle est sûre que Tony l'admire. Quand soudain…

– Qu'est-ce qu'il fait ici, celui-là ? hurle Tony. Fiche le camp, sale chat !

Trop tard ! Le cheval de Tony pile net. Le cavalier est projeté en avant. *Patatras !* Il tombe dans le sable. Sa lèvre saigne légèrement.

– C'est à cause de ce crétin à moustaches ! Il est à toi ? Oui ? Alors ouste, du vent ! Je ne veux plus vous voir, ni l'un ni l'autre !

Essie est vexée.

– Toi-même ! répond-elle. Avec ta bouche qui saigne, tu pourrais jouer dans le film *Vampire sous le chapiteau* !

Tiens, tiens… Essie est beaucoup moins amoureuse. Au revoir, le petit oiseau !

Essie s'en va, la tête haute. Malgré tout, elle en a gros sur le cœur. Encore une histoire d'amour à peine commencée et déjà terminée !

Bouffon vient se frotter contre elle.

– Dis donc, lui murmure-t-elle, tu ne serais pas un peu jaloux, toi ?

Le lendemain, elle raconte à Paul ce qui s'est passé.

– Quel nul, ce Tony ! s'exclame-t-il. Tu parles d'un amoureux ! Franchement, Essie, tu mérites mieux.

Et il lui offre un ballon… qu'il perce d'un coup ! *Boum !* Une pluie de confettis tombe sur Essie. Quelques-uns s'accrochent à ses cheveux.

– T'as l'air d'une extraterrestre, dit Paul, émerveillé.

Essie se sent belle.

Un soir, Essie regarde la finale de l'émission *Starkid* à la télé. Ce sont des enfants qui chantent, et les gens votent pour celui qu'ils préfèrent.

Le préféré d'Essie, c'est Dylan. Il est rigolo avec ses cheveux dressés sur la tête. Il a l'air d'un mignon petit hérisson !

Ça y est, Essie est amoureuse. Elle sent comme un tam-tam dans son cœur ! Et ça tambourine à l'intérieur !

Essie a mal aux yeux à force de regarder Dylan. Elle s'imagine en train de chanter avec lui, elle l'accompagnerait en faisant « lalala », et il lui ferait des clins d'œil pour l'encourager. Il l'appellerait « Essie mélodie » et il lui donnerait un baiser chaque soir sur scène devant tous les spectateurs.

Et super, c'est lui qui gagne !
– Bravo ! applaudit Essie.

Le soir même, dans sa chambre, ni une ni deux, Essie écrit une chanson :

Dans mon cœur,
Ça volette, ça gazouille, ça tambourine.
C'est comme ça dès que je te vois.
J'aime le petit bruit que fait mon cœur
Quand il t'aperçoit.

Cette chanson plaira à Dylan, elle en est sûre. Essie la postera demain matin.

Elle attend toujours une réponse lorsqu'elle apprend que la star vient chanter dans sa ville. Quel bonheur !

Enfin, le grand jour arrive. Essie est dans la salle de concert avec ses amies et Paul, bien sûr.

Tout le monde crie :

– Dy-lan ! Dy-lan !

Les lumières s'éteignent. La star apparaît sur la scène. Il est encore plus beau qu'à la télé !

« Je dédie cette chanson à l'amour de ma vie : Stella.

Dans mon cœur,
Ça volette, ça gazouille, ça tambourine.
C'est comme ça dès que je te vois.
J'aime le petit bruit que fait mon cœur
Quand il t'aperçoit. »

Essie est estomaquée ! Elle n'en croit pas ses oreilles.

– C'est ma chanson ! dit-elle à Paul. C'est moi qui l'ai écrite. Il me l'a volée !

Tiens, tiens… Essie n'est plus du tout amoureuse. Au revoir, le tam-tam ! En plus, elle se sent humiliée. Des larmes coulent sur ses joues.

Alors, Paul sort des sucettes qu'il pique délicatement dans les cheveux d'Essie. Et il chuchote :

– T'as l'air…

Il hésite. Essie attend… Est-ce qu'il va lui dire qu'elle a l'air d'une princesse japonaise ? Ou d'un joli sapin de Noël ?

Elle sourit dans ses larmes.

– … t'as l'air d'une antenne de télévision, déclare Paul, avec un regard malicieux.

Essie ouvre de grands yeux. Une antenne de télévision ? Elle n'y aurait jamais pensé ! Ce qu'il est drôle, Paul ! Le voilà qui se penche vers elle. Quelque chose de très doux effleure sa joue. Oh, c'est un baiser…

Dans le cœur d'Essie, ça volette, ça gazouille, ça tambourine ! Quelle musique à l'intérieur ! Elle se sent si belle, même en antenne de télévision ! Alors c'est ça, être amoureux ?

Mais… que se passe-t-il sur la scène ? NON ! Bouffon s'accroche au pantalon de Dylan, il ne veut pas le lâcher. La star crie :

– À qui est cet affreux chat ? Il est enragé, ou quoi ?

Les lumières s'allument. Les spectateurs sifflent. Dylan panique :

– Attrapez-le ! À l'aide !

– Quel péteux ! s'écrie Essie. Avoir peur de Bouffon, c'est n'importe quoi !

Puis elle ajoute avec un sourire charmeur :

– Franchement, Paul, je mérite mieux.

– STOP ! C'est fini ! Je ne veux plus être amoureuse !

Parce que j'ai déjà un amoureux. Et toi, Bouffon, t'as pas intérêt à être jaloux ! Promets-le-moi, et je te dirai qui c'est… T'auras même droit à un câlin, car je t'aime, mon Bouffon qui fait ronronner mon cœur.

Toutes les aventures de

Essie

Et si je changeais de maman ?
Et si j'étais maîtresse ?
Et si j'étais riquiqui ?
Et si j'étais un garçon ?
Et si j'étais sorcière ?
Et si j'étais un superhéros ?
Et si j'étais amoureuse ?

Achevé d'imprimer en décembre 2009 par Pollina
85400 LUÇON - N° Impression : L51766A
Imprimé en France